ESQUISSES POLITIQUES

SUR LES CAUSES

DE LA CRISE ACTUELLE.

PARIS, IMPRIMERIE DE DECOURCHANT,
Rue d'Erfurth, n° 2.

ESQUISSES

POLITIQUES

SUR LES CAUSES

DE LA CRISE ACTUELLE,

ET

SUR LA PART QUE CHACUN Y A PRISE.

Mihi Galba, Otho, Vitellius, nec
beneficio, nec injuriâ cogniti.

A PARIS,

CHEZ LES MARCHANDS DE NOUVEAUTÉS.

—

1839

ESQUISSES

POLITIQUES

SUR LES CAUSES

DE LA CRISE ACTUELLE.

La France est aujourd'hui dans une situation inconcevable : au dedans, le pays jouit d'un calme profond, à l'abri duquel se développent de toutes parts les germes ou les progrès d'une merveilleuse prospérité; de tous côtés se manifestent les signes évidents d'une réaction énergique en faveur des idées d'ordre et de stabilité; au dehors, le pays est en paix avec ses voisins, et ses armées de terre et de mer font respecter au loin son nom et sa puissance. Et cependant le pays semble à la veille d'une révolution; et cependant les hommes qui ont le plus puissamment contribué aux heureux résultats que je si-

I

gnale, s'évertuent à qui détruira le plus vite et le mieux cet édifice si laborieusement élevé, et s'unissent dans ce but aux adversaires qu'ils avaient combattus avec le plus de vigueur et de persévérance. Légitimistes, radicaux, hommes du mouvement, hommes des diverses époques et des diverses phases du juste - milieu, sont animés d'une même pensée de destruction; tous se sont armés ensemble pour courir sus à un ennemi que l'on ne nomme pas, que l'on n'aperçoit nulle part.

En contemplant cet étrange spectacle, on se demande quel esprit de vertige s'est emparé des conseils de la nation; quelles mains imprudentes, alors que le volcan semblait éteint, ont pris plaisir à creuser une mine et à y entasser les matières inflammables, et surtout quand nul événement nouveau n'est survenu, quand nul danger imprévu ne se révèle; on se demande quelle cause a pu émouvoir ces prétendus amis, qui s'annoncent comme devant, à tout prix, sauver le gouvernement des périls où on l'entraîne. Tous les rôles sont intervertis, toutes les positions sont faussées, tous les principes sont ou foulés aux pieds ou misérablement torturés. Cette lutte d'un nouveau genre a porté dans le cœur des honnêtes gens un profond

dégoût et un amer découragement; quelques-uns
même se sont pris à douter de la vertu du gouvernement représentatif, à désespérer de son avenir.
Ils se sont demandé avec tristesse si ce gouvernement convenait à notre patrie; si, après en
avoir essayé sous diverses formes, avec la Constitution de 1791, avec le Directoire, avec la Restauration, et avoir toujours été menés par lui aux
révolutions ou au despotisme, nous devons nous
opiniâtrer follement à tourner dans un cercle vi-
cieux de désordres, de malheurs, d'anarchie et de
servitude?

Quant à moi, je ne partage ni ces doutes ni
ces alarmes : j'ai une foi entière dans le gouvernement représentatif. Certes, je ne m'en dissi-
mule ni les difficultés ni même les inconvénients :
y a-t-il donc quelque chose de parfait sur cette
terre? Mais, convaincu que le malaise que nous
éprouvons aujourd'hui ne saurait lui être exclusivement imputé, qu'il a sa source dans des passions dont il faut toujours tenir compte dans le
gouvernement des hommes; que si, dans le cas
présent, les symptômes en sont plus graves, les
effets plus sensibles, la cause en est dans des
fautes qu'il était possible d'éviter et qu'il sera
facile de réparer après une leçon aussi sévère et

aussi instructive : j'ai cru que c'était accomplir la tâche d'un bon citoyen que d'entreprendre de rassurer les uns et d'éclairer les autres. En dehors de la sphère d'action du pouvoir, mais placé assez près du théâtre pour pouvoir distinguer le visage des acteurs sous le fard qui les couvre quelquefois, pour entrevoir de temps à autre ce qui se passe dans les coulisses, je vais raconter ce que j'ai saisi, ce que j'ai observé dans le long drame, tantôt triste, tantôt comique, qui se joue devant nous et à nos dépens. Je parlerai peu ou point des choses, beaucoup des hommes; je le ferai sans haine comme sans crainte. Je dirai ce que je sais positivement, ce que je crois fermement être la vérité : ma sincérité, mon entière bonne foi seront mon excuse, si, bien malgré moi et à mon insu, il se glisse sous ma plume un renseignement puisé à une source trompeuse.

Je le répète, l'origine de la crise actuelle est dans des passions inhérentes à la nature humaine; ces passions sont l'ambition et l'orgueil, mais une ambition mesquine et turbulente, mais un orgueil le plus souvent sans portée comme sans dignité. Ce n'est pas, au surplus, la première fois, depuis l'établissement du gouvernement constitutionnel, que les mêmes causes ont produit les mêmes effets ; que ces misérables passions ont eu une influence funeste sur les destinées de la France. Ainsi, en 1819, sous la Restauration, quand les admirables succès de tribune de M. de Serres offusquèrent la gloire éclipsée des uns, la jalouse médiocrité des autres, des intrigues à peu près semblables à celles dont nous venons d'être témoins divisèrent le parti libéral et lui firent perdre une victoire qui semblait ne pouvoir lui échapper. Ainsi, dix ans plus tard, sous l'administration Martignac, sous cette administration qu'on n'a appréciée qu'après qu'elle a été tombée, la majorité libérale fit essuyer un échec au ministère, parce que, spéculant sur les règles ordinaires du gouvernement représentatif, elle comptait que cet échec tournerait au profit, non pas de ses doctrines, qui n'avaient pas besoin de ce triomphe, mais de ses chefs, qui n'avaient pas encore de place dans le ministère. Faut-il donc s'étonner que, depuis la révolution de juillet, les mêmes fautes se soient renouvelées ; alors surtout que les modifications profondes apportées dans nos institutions ont fait disparaître tant de contre-poids, ont aplani tant d'obstacles qui pouvaient modérer et ralentir l'essor de l'ambition ? A mon sens, c'est du contraire qu'il faudrait s'étonner.

Au sortir même de la révolution, le 11 août 1830, le roi forma son premier ministère. Il y réunit, comme dans un faisceau, toutes les sommités parlementaires, toutes les forces vitales du pays. Tous les hommes qui le composaient étaient environnés d'une immense popularité ; tous représentaient quelques-unes des nuances d'opinion qui s'étaient confondues dans le grand mouvement de juillet : c'était un ministère de coalition parfait. Rien n'était plus beau en théorie, rien ne fut plus nul et plus impossible en pratique. Il n'y avait point de président du conseil : les fonctions en étaient remplies par le garde des sceaux, M. Dupont de l'Eure. Mais quel homme pour une telle situation ! Il suffit de voir un instant M. Dupont de l'Eure, pour juger de sa lourde incapacité politique. Il peut servir de drapeau à un parti, parce qu'il a toutes les qualités qui font estimer l'homme privé ; parce qu'il a cette roideur d'opinions qui convient si bien à une multitude irréfléchie ; parce qu'il a ce courage civil qui, dans les temps d'exaltation et d'enthousiasme, inspire un respect qui va souvent jusqu'à l'admiration. Mais n'en faites pas un ministre ; laissez-le être le vertueux Dupont de l'Eure : c'est sa spécialité ; ne le sortez pas de là.

Chose bizarre ! les deux hommes vraiment importants du conseil, M. Laffitte et M. Casimir Périer, n'avaient pas de portefeuille. Leur importance venait non-seulement du grand rôle qu'ils avaient joué dans l'opposition de quinze ans, mais encore de la part qu'ils avaient prise à la révolution de juillet, dont chacun d'eux résumait en lui une des faces. C'était chez Casimir Périer que les députés présents à Paris s'étaient réunis ; c'était chez lui qu'ils avaient signé la protestation rédigée par M. Guizot ; c'était chez lui qu'avait commencé la résistance parlementaire aux ordonnances de juillet. C'était chez M. Laffitte que s'était organisée l'insurrection parisienne ; c'était sa maison qui avait servi de quartier général pendant la grande bataille des trois jours. Dans ce double fait était la différence entre la position de ces deux hommes d'Etat ; ils étaient comme deux lignes qui, ayant un point commun, s'écartent ensuite à l'infini.

La majorité du conseil partageait les opinions de M. Périer ; mais, dans ces premiers moments, dans ces temps si rapprochés de la révolution, la minorité étant une expression plus fidèle des idées exaltées, des impressions irréfléchies d'esprits encore agités par l'héroïque fièvre de la grande semaine, la minorité avait la prépondérance. C'était là un état anormal qui ne pouvait durer : aussi, après quelques tiraillements, qui ne servirent qu'à prouver l'impossibilité d'un ministère de coalition et son inutilité, autrement que comme transition d'une situation à un autre, M. Périer et ses amis se retirèrent ; et le 2 novembre, M. Laffitte reçut, avec le ministère des finances, la présidence du conseil.

La France gardera longtemps le souvenir de cette administration qui, en quatre mois, faillit la conduire à sa ruine. Comme financier, M. Laffitte a été bien au-dessous de ce qu'on devait attendre des occupations de toute sa vie. Oubliant que ce n'est pas le lendemain d'une révolution et à la veille d'une guerre qui semblait imminente, que l'on peut songer à toucher à l'impôt, il appauvrit le revenu public par une diminution de trente millions sur les boissons, qui n'a profité à personne, si ce n'est peut-être aux cabaretiers. Pour subvenir au vide créé ainsi dans le Trésor, il n'imagina rien de mieux que d'exhumer des cartons du ministère un projet d'impôt personnel, d'une conception merveilleusement fiscale, mais d'une exé-

cution si difficile et si hasardeuse, qu'aux jours les
plus calmes et les plus prospères de la Restauration, les ministres des finances avaient reculé devant ce système, et que sa réalisation aurait allumé
le feu aux quatre coins de la France, si le sage
successeur de M. Laffitte ne s'était prudemment
hâté de renoncer à cette malencontreuse res-
source.

Comme homme d'Etat, M. Laffitte dépassa en
nullité les prédictions même de ses ennemis. Sans
idées de gouvernement, sans plan arrêté, sans vues
d'avenir, vivant au jour le jour, pactisant avec
tous les partis, capitulant avec toutes les résistan-
ces, reculant devant toutes les menaces, s'estimant
heureux d'ajourner des difficultés qu'il ne se sentait pas la force d'aborder de front, M. Laffitte
laissa au dedans avilir le pouvoir public par des
émeutes mollement réprimées, et surtout par cette
Association nationale, ligue d'un nouveau genre,
qui élevait audacieusement autel contre autel,
gouvernement contre gouvernement. Au dehors,
tantôt se montrant à la tribune téméraire jusqu'à
la fanfaronnade, tantôt faible jusqu'à la pusillani-
mité dans les conseils, il fit perdre à la France la
haute position que lui avait fait prendre, le lendemain de la révolution de juillet, la politique in-

telligente de M. Molé; et l'Italie fut envahie, sans qu'une résolution énergique, sans qu'une mesure vigoureuse arrêtât ou fit rétrograder les colonnes autrichiennes. A la fin du ministère Laffitte, tout tombait en dissolution, et la France, bien que pleine de ressources et de vitalité, était à l'agonie, par la seule faute de l'inhabile médecin qui s'était témérairement chargé de panser ses blessures.

En quittant le pouvoir, M. Laffitte alla rejoindre, sur les bancs de l'extrême gauche, son ami M. Dupont de l'Eure, qui l'y avait précédé dès la fin de décembre, lors de la démission du général La Fayette. L'opposition s'empressa d'ouvrir ses rangs à celui que peu de jours auparavant elle poursuivait de ses outrages; elle accorda une généreuse amnistie aux velléités gouvernementales qu'il avait pu montrer; elle étendit un voile complaisant sur des faits qu'elle aurait signalés à l'indignation du pays, si les rôles n'eussent pas été changés. Oh! si M. Laffitte fût resté ministre, de quelles amères censures eût retenti la tribune, pour cette ordonnance qui dessaisit le Trésor de 4,848,904 fr. 65 c. au profit de la maison Laffitte; ordonnance rendue illégalement, en présence et sans le concours des Chambres assemblées; ordonnance qui pouvait peut-être se justifier, mais dont il suffisait que le principe fût controversable et eût été repoussé par les précédents ministres, pour que la délicatesse prescrivît à M. Laffitte de ne pas trancher une question qui lui était personnelle! Comme on lui aurait reproché, à lui tout à la fois gardien des lois et de la fortune publique, d'avoir profité de sa position pour prêter *à une seule maison*, sur les trente millions avancés par l'Etat à tout le commerce français, trois millions, le dixième du tout! et cela en s'affranchissant de toutes les formalités, de toutes les obligations prescrites par la loi : opération dont il sentait si bien lui-même le vice et l'irrégularité, qu'il s'empressa de rétablir les trois millions dans le Trésor au moment où il allait cesser d'en garder les clefs ! N'aurait-on pas pu, avec justice, appliquer à M. Laffitte ces foudroyantes paroles qu'il adressait un jour à un ministre de la Restauration : « Sans vous, l'Etat serait riche de tant de millions de plus et d'un mauvais exemple de moins ? »

N'étant plus ministre, M. Laffitte, lui aussi, articula cette accusation banale que sa présidence n'avait été que nominale; qu'une influence plus puissante avait dominé la sienne. M. Laffitte nous permettra de n'en rien croire. En comparant les faits de son ministère, pris dans leur ensemble comme dans leurs détails, avec tout ce qui s'est passé depuis, nous trouvons une différence si tranchée, si profonde; nous reconnaissons à son administration un cachet si particulier, que nous déclarons hautement qu'elle lui appartient bien en propre, et que c'est à lui seul d'en réclamer la gloire, si bon lui semble, comme aussi d'en accepter la responsabilité aux yeux de son pays et de l'histoire.

Si jamais il a été donné à une nation d'apprécier tout ce que peut peser dans la balance de ses destinées la valeur individuelle d'un seul homme, c'est bien certainement à la France, lors de l'arrivée de Casimir Périer au pouvoir. Il y entre avec le seul baron Louis, qu'il charge des finances; du reste, il prend tous les éléments du ministère Laffitte, et, dans peu de jours, tout change de face. Les bons citoyens, les amis de l'ordre et de la monarchie constitutionnelle reprennent courage, en sentant qu'ils ont enfin un point d'appui et un guide : le pouvoir public renaît, fort de toute l'énergie de cette âme ferme et intrépide; d'éclatantes destitutions annoncent son réveil et coupent dans la racine l'association nationale; le crédit se ranime; les capitaux, si longtemps effrayés, reprennent enfin le chemin du Trésor ; Périer, en congédiant les Chambres, obtient d'elles un vote de confiance de cent millons, et il lui suffit de faire apparaître sur l'horizon politique ce nuage menaçant qui recèle la foudre, pour que le cabinet de Vienne évacue les États pontificaux.

Quoiqu'il eût pour lui le concours des deux Chambres et qu'il s'appuyât, dans celle des Députés, sur une majorité dévouée et compacte, Périer sentait bien qu'elle ne pouvait pas lui prêter une force qu'elle n'avait point. Nommée moitié avant, moitié après la révolution de juillet, et en vertu de lois et de combinaisons électorales tout à fait différentes, la Chambre était formée d'éléments trop hétérogènes pour avoir dans le pays cet ascendant moral qui seul pouvait suffire à la gravité de la situation. Périer n'hésita point à la dissoudre, et à faire, par des élections générales, la première épreuve du nouveau code électoral.

A l'exception de deux ou trois légitimistes et de quelques radicaux, l'universalité de la nouvelle Chambre était composée d'hommes qui avaient franchement accepté la révolution de juillet. Mais comme ce grand événement était fort diversement expliqué, soit dans ses principes, soit dans ses conséquences, il en résultait que, bien qu'on fût d'accord sur un point, il y avait sur les autres des dissentiments assez profonds pour amener la division en deux grands partis, que l'on désigna sous le nom de *juste milieu* et de *mouvement*. Naturellement chaque parti s'attribua la victoire, et un journal de l'opposition proposa de trancher la question par la nomination de M. Laffitte à la présidence de la Chambre. Casimir Périer accepta le défi, et en fit une question de cabinet. Quelques personnes, et l'auteur de ces lignes avoue en toute humilité qu'il était du nombre, blâmaient cette témérité ; elles trouvaient qu'en présence d'une Chambre nouvelle et inexpérimentée, il était imprudent de faire dépendre l'existence du gouvernement d'une question de personne, lorsque tant de motifs étrangers à la chose publique pouvaient influencer le vote, et surtout lorsqu'il s'agissait d'opposer M. Girod, de l'Ain, homme très-estimable sans doute, mais comparativement obscur, à un homme que protégeaient si puissamment les souvenirs de juillet et qu'environnait une si brillante auréole de popularité. Mais ces personnes avaient tort, et Casimir Périer avait raison. Il y a dans le génie des illuminations soudaines qui valent mieux que tous les calculs d'une vulgaire prudence ; c'est ainsi que des journées de Marengo

et d'Austerlitz décident du sort d'une guerre.
Périer sentit qu'une position nettement prise as-
surait l'avenir ; son coup d'œil perçant ne s'y mé-
prit pas : car la nature l'avait fait pour les grandes
choses ; dans des temps ordinaires, il eût été peut-
être un ministre médiocre : dans ces temps de révolution, il fut l'homme de la circonstance, parce
que ses défauts même étaient pour lui un élément
de puissance. Aussi peut-on dire que jusqu'ici
c'est la seule grande figure sortie de la révolution
de juillet.

M. Laffitte ressentit vivement sa défaite ; son
orgueil en fut d'autant plus humilié, que, comme
le duc de Guise, il avait pensé *qu'on n'oserait pas ;*
et cependant on avait osé, on avait réussi, et désormais la Chambre, comme la couronne, avait
rompu avec M. Laffitte. Au lieu de s'en prendre à
ceux qui avaient fait de son nom une arme offen-
sive, et qui avaient choisi et indiqué le champ de
bataille où il avait succombé, il porta ailleurs ses
ressentiments, qui ne s'arrêtèrent pas au ministre,
son antagoniste, et qui ne connurent bientôt plus
de bornes. Telle fut l'amertume de son désappointement, telle fut l'aigreur passionnée de son amour-
propre blessé et de son ambition déçue, qu'un
jour la France l'entendit avec stupéfaction dé-

clarer qu'il *demandait pardon à Dieu et aux hommes de la part qu'il avait prise à la révolution de juillet.* C'est ainsi qu'après avoir le premier présidé le conseil des ministres, il se rejeta dans l'opposition. Pour l'instruction du présent, nous devions rappeler ce passé ; désormais nous ne reparlerons plus de M. Laffitte, car, suivant nous, il est en dehors de toute la politique actuelle et n'appartient plus qu'à l'histoire.

Cependant, par les raisons mêmes que nous donnions tout à l'heure, la majorité avait été si faible que Périer se retirait, si la fortune de la France n'eût suscité cette agression de la Hollande qui le retint aux affaires. Aussi l'opposition ne se tint-elle pas pour battue, et des interpellations furent adressées au ministère, avec l'espoir de le renverser dans ce débat. Il fut grave, solennel et digne de la cause que le ministère avait à défendre. Mais aussi, quelle différence entre les attaques d'alors et celles d'aujourd'hui ! Alors on ne se cachait pas derrière des mots à double sens; on allait droit au fait, on combattait à visage découvert; et personne n'avait son drapeau dans sa poche. Pour la marche du gouvernement à l'intérieur, c'était le fameux programme de l'Hôtel-de-Ville dont on réclamait l'exécution ; c'était *un trône entouré d'institutions républicaines* sur lequel on voulait asseoir la royauté de juillet. Pour l'extérieur, c'était la propagande et la guerre universelle qui trouvaient à la tribune d'infatigables et persévérants avocats. La discussion fut terminée par un ordre du jour motivé, qui approuvait la marche suivie par le ministère : et c'est alors qu'on voit paraître pour la première fois sur la scène politique un homme auquel sa conduite, comme président du tribunal de commerce pendant les journées de juillet, avait acquis la popularité la plus honorable et la mieux méritée.

Si les qualités de l'homme privé suffisaient à l'homme politique, peu de personnes pourraient être placées plus haut que M. Ganneron. Probe, laborieux, désintéressé, serviable pour tout le monde, dévoué pour ses amis jusqu'à l'abnégation, il est un rare type des vieilles vertus bourgeoises, et le fanatisme de l'esprit de parti pourrait seul lui refuser un juste hommage. Aussi ce caractère de haute moralité le fit-il choisir pour proposer l'ordre du jour motivé, d'autant plus que sa nullité politique était assez avérée pour qu'un ministère consentît volontiers à être protégé par lui. Malheureusement, M. Ganneron prit son rôle au sérieux ; il s'imagina que désormais

2

il était devenu l'arbitre des querelles parlementaires ; que, comme les juges de camp des tournois, il n'avait plus qu'à jeter son bâton de commandement entre les combattants pour les séparer quand il jugerait la lutte trop acharnée ; il se rêva une sorte de Warwick du gouvernement représentatif, appelé à faire et à défaire les ministres. Grand fut donc son désappointement quand, de ces hauteurs imaginaires, il se vit retombé dans toute la réalité de sa subalterne influence. Comme il est désagréable de chercher en soi la raison d'une infériorité, M. Ganneron la chercha dans les autres ; et dès lors il devint l'adversaire modéré, mais incommode, de toute administration qui ne consentit pas à relever de lui, et qui crut pouvoir se déclarer indépendante d'une si grande puissance parlementaire. La scission de M. Ganneron donna consistance à ce tiers-parti, qui, en affichant les intentions les plus pures, les sentiments les plus constitutionnels, n'en a pas moins été la cause principale de presque tous les embarras du gouvernement.

L'origine du tiers-parti, et, si je puis m'exprimer ainsi, son premier embryon, tient à quelque chose de si bizarre, de si bouffon, que je n'oserais raconter le fait, si je ne le tenais d'une source

qui ne me permet pas de douter de son authen-
ticité. Lorsqu'en octobre 1830, Casimir Périer se
sépara du premier ministère, un journal, qui avait
quelque importance, embrassa ses doctrines, suivit
sa fortune, et devint, dans une ligne parfaitement
constitutionnelle, un des plus infatigables adversaires de M. Laffitte, comme un des plus ardents
promoteurs de M. Périer. Après le succès, le
principal publiciste de cette feuille vint demander
sa part de la victoire : il exposa les services qu'il
avait rendus, ceux non moins grands qu'il pouvait rendre encore. Il prétendit qu'il fallait que
la présidence du conseil eût un journal à elle ;
que le sien avait, plus que tout autre, droit à cette
marque de confiance ; mais que, pour bien se
pénétrer de la pensée du ministère, il était nécessaire que lui, rédacteur, assistât aux délibéra-
tions du conseil et y puisât la matière des articles
destinés à populariser ensuite les idées du gouvernement. Périer le crut fou et se moqua de lui.
Dès lors ce journal devint d'abord un auxiliaire
fort tiède, puis un adversaire plus tracassier que
méchant, plus incommode que dangereux. Une
opinion qui a un organe ne tarde pas à se forti-
fier, et c'est ainsi que se forma le tiers-parti.

Spéculativement parlant, rien de mieux que le

tiers-parti. Quoi de plus sage, en effet, quoi de plus rationnel que cet ecclectisme politique qui va choisissant dans chaque parti ce que ses doctrines ont de plus sain, ses passions de plus pur? qui rejette ce que les unes et les autres ont de faux, de mauvais ou de dangereux? Quoi de plus noble que cette indépendance qui, secouant le joug de toute opinion systématique, se pose de manière à faire pencher la balance de l'un ou de l'autre côté, suivant que de ce côté se trouvent la raison, la justice et la vérité? Cela est beau, cela est magnifique, vu à la superficie; mais malheureusement, en cela comme en beaucoup de choses, la pratique répond mal à la théorie. En effet, examinons les choses de près, et voyons ce qu'est, en réalité, le tiers-parti.

D'abord il se compose surtout de ces hommes qui, n'ayant pas une foi politique assez vive, des convictions assez profondes pour professer sur quoi que ce soit des opinions bien arrêtées et pour avoir le courage de leurs opinions, trouvent fort commode cette élasticité qui se prête aux fluctuations de leur esprit, aux incertitudes de leur jugement; cette situation équivoque qui leur permet d'obéir aux caprices de leur humeur, et même parfois aux petits calculs de leurs intérêts;

de passer à leur gré d'un camp dans l'autre, de crier tour à tour : *Vive le roi, vive la ligue,* et de cumuler les douceurs de la faveur populaire avec les avantages plus substantiels de la faveur gouvernementale. C'est dans le tiers-parti que vous rencontrerez ces grands hommes mort-nés, ces gloires avortées, qui, ayant la conscience ou même la preuve acquise de leur faiblesse, se retranchent dans un poste qui les dispense de se compromettre, et où, malgré leur nullité, ils conservent encore l'apparence de quelque importance, parce que les rudes jouteurs des luttes parlementaires et les bruyants organes de la presse ménagent en eux les alliés possibles du lendemain. C'est là que vous voyez ces médiocrités jalouses, ces ambitions mesquines, ces incapacités tracassières, ces eunuques politiques dont tout le rôle se résume dans le vers proverbial :

Il n'y fait rien, et nuit à qui veut faire.

Enfin, c'est l'asile des existences ministérielles tombées qui, ne voulant pas suivre le char du vainqueur, et ne pouvant décemment aller grossir la véritable et franche opposition, attendent plus ou moins patiemment dans le purgatoire du tiers-parti le jour de leur résurrection au pouvoir.

L'année 1832 fut bien funeste à la France. Le
choléra décima la population, et Casimir Périer
périt, victime encore moins peut-être de l'épidé-
mie que de la lutte terrible qui avait usé ses forces
et épuisé sa vie. A sa mort il y eut un vide immense dans le pouvoir, un véritable interrègne
ministériel, car personne ne se sentait le courage
de se porter héritier du grand homme. D'ailleurs
les partis étaient en présence, et, lui de moins,
ils se balançaient d'une manière à peu près égale.
Comme la coalition d'aujourd'hui, la gauche d'a-
lors comptait dans son sein les principaux des
conseillers de la couronne, qui s'étaient éloignés
du pouvoir, les orateurs les plus puissants, les plus
hautes existences parlementaires, les hommes de
juillet les plus populaires. Comme la coalition, elle
avait la *qualité,* si le parti gouvernemental avait le
nombre; et encore la mort de Périer, laissant le nombre sans chef, sans direction et sans force, toutes les
chances, toutes les conditions de succès semblaient
se réunir en faveur de la gauche. Après une courte
attente, voyant que cependant le pouvoir ne s'em-
pressait pas encore de venir à elle, elle entreprit
de le déterminer par une démarche éclatante, et
le projet du compte rendu fut arrêté.

Cette allocution adressée à la France entière

rentrait dans les goûts, dans les habitudes de
M. Odilon-Barrot, qui aime prodigieusement les
proclamations. Quand il était au pouvoir, comme
préfet de la Seine, c'était son principal, presque
son seul moyen de gouvernement. Vainement
M. Mauguin, qui avait et plus de vues et plus de
portée, s'opposa-t-il à cet acte extra-parlemen-
taire, dont le moindre inconvénient, à ses yeux,
était d'être inutile et intempestif, et dans lequel il
voyait avec raison un véritable suicide politique
de la part d'un parti qui prétendait au gouvernement, et qui cependant était obligé de formuler
son symbole de manière à recevoir l'adhésion
même de M. Cabet. Ces remontrances ne furent
pas écoutées : les ambitions ardentes et pressées
de jouir n'entendent guère la raison et ne sont
pas faciles à convaincre. On croyait le fruit mûr
et qu'il n'y avait qu'à secouer l'arbre; le compte
rendu fut donc publié, et, soit légèreté, soit faiblesse, M. Mauguin lui-même signa cet acte, qui
fut, comme il avait prévu, la ruine de son parti.
Après le compte rendu, on put redire avec plus
de justice à la gauche le fameux mot : *La France
ne veut plus de vous;* et si jamais la gauche se re
lève du profond discrédit où elle est tombée, elle
le devra non à ses mérites, mais aux fautes, aux

manœuvres absurdes et aux dissensions coupables de ses adversaires.

Qui ne se souvient des sanglantes funérailles du général Lamarque, des terribles journées des 5 et 6 juin? Grâce à l'énergie du gouvernement, au courage de l'armée, à l'union et au dévouement de la garde nationale, l'ordre triompha de l'anarchie : force resta à la loi. Mais une faute immense fut faite : ce fut la déclaration de l'état de siége. Là, tout était dans la question de temps; s'il eût été proclamé au bruit des détonations de l'artillerie, au milieu des carrés de la milice citoyenne, rien de plus simple, rien de plus naturel. L'ordonner le lendemain de la victoire, n'était-ce pas avouer implicitement que son unique objet était de substituer au jugement du jury les formes expéditives et terribles de la justice militaire? Le premier jugement rendu par un conseil de guerre fut déféré à la Cour de cassation, et une circonstance qui, dans les temps ordinaires, qui, dans une matière moins grave, aurait pu être un embarras pour le gouvernement, contribua au contraire à le servir.

Sans doute les magistrats ne puisent leurs inspirations que dans leur savoir et dans leur conscience; mais ils sont hommes, et, à ce titre, ils ont, comme tout le monde, leurs passions politiques. Quand, par un hasard étrange, ces passions peuvent s'accorder avec les principes, nécessairement l'application de ces derniers en devient plus prompte et plus facile. Or, il se trouva que la Chambre criminelle était, suivant l'usage, composée des plus nouveaux conseillers, c'est-à-dire de ceux nommés aux derniers jours de la Restauration ou aux premiers jours du gouvernement de Juillet. L'opinion de ces magistrats sur la grande mesure politique qui leur était déférée ne pouvait donc être douteuse.

Le ministère eut la sagesse de ne pas en appeler, et d'abaisser devant ce simple arrêt les faisceaux de sa dictature. En cela il répara, autant qu'il était en lui, la faute irréparable qu'il avait faite; mais le mal était consommé. Les effets matériels de la victoire subsistaient, l'effet moral était évanoui, et un remaniement ministériel était impérieusement nécessaire pour rendre au pouvoir la force qu'il avait imprudemment perdue et l'ascendant qu'il avait si maladroitement compromis. Alors se forma la fameuse et puissante administration du 11 octobre.

Le maréchal Soult fut nommé président du conseil. Comme orateur, il était peu propre à être

devant les Chambres le représentant et l'organe de
la pensée gouvernementale, car, à une complète
inexpérience de l'art de la parole, il joint un ac-
cent qui nuirait même à l'éloquence. Mais sa
main ferme imprimait à l'armée une impulsion
vigoureuse; mais sa vieille gloire imposait à l'Europe, et son infériorité même, comme orateur et
comme homme d'Etat, facilitait sa présidence,
parce qu'elle effarouchait moins les prétentions et
les amours-propres éminemment susceptibles de
ses nouveaux collègues.

M. de Montalivet fut sacrifié. La révolution de
juillet l'avait trouvé bien jeune, bien inexpéri-
menté, et il eût fallu une tête bien ferme pour
résister au vertige d'une élévation si grande et si
subite. *Le jeune ministre,* comme l'appelaient de
complaisants amis, avait souvent manqué de cette
mesure si nécessaire dans sa situation politique :
à la tribune, sa parole hautaine, qui ne s'appuyait
ni sur l'ancienneté des services, ni sur la grandeur d'un mérite encore en espérance, avait
froissé et mécontenté les meilleurs amis du gouvernement; dans les relations habituelles, disons-
le avec autant de franchise que de regret, une
suffisance, poussée quelquefois jusqu'à l'incivilité,
lui avait aliéné bien du monde. Tout avait tourné

contre lui, jusqu'au ridicule et puéril incident des mots *serviteur et sujet*. L'intendance de la liste civile fut sa récompense et sa retraite provisoire. Si M. de Montalivet veut recueillir ses souvenirs, s'il consent à faire un sévère examen de conscience, il doit faire un désagréable retour sur lui-même et se reprocher la conduite qu'il a trop souvent tenue dans ce poste; la main qu'il a tendue au tiers-parti; les obstacles et les embarras qu'il a suscités à des administrations au service desquelles il aurait dû mettre l'influence qu'il tenait de sa place; la part qu'il a prise aux intrigues qui les ont renversées : car les mauvais exemples sont toujours les mauvais exemples. Mais, disons à la gloire de M. de Montalivet que, s'étant tout de suite et hautement séparé des doctrinaires, jamais un calcul d'hostilité contre eux ou d'ambition pour lui-même ne l'a porté à pactiser avec les ennemis du gouvernement.

Il eut pour successeur M. Thiers. Peu d'hommes d'Etat ont eu, pour s'élever, à triompher de plus d'obstacles. Je ne parlerai ni de son point de départ, ni de sa pauvreté première : ce sont là des titres de gloire pour quiconque a le bonheur et l'honneur d'être le fils de ses œuvres. Mais si la nature l'a doué richement sous le rapport des facultés de l'esprit, il faut convenir qu'elle s'est montrée singulièrement avare dans l'enveloppe qu'elle a donnée à cette magnifique intelligence ; et, pour devenir un grand orateur, M. Thiers a dû lutter contre tous les désavantages extérieurs. Mais la riche abondance de sa parole, tour à tour vive, spirituelle, incisive ou passionnée ; mais l'admirable souplesse de son esprit, qui crée à chaque instant de nouvelles ressources ; mais l'universalité, superficielle, si l'on veut, et néanmoins prodigieuse d'une intelligence qui s'applique à tout, s'approprie tout et sait dans chaque chose saisir et exposer le point lumineux, ont largement compensé de frivoles infériorités, et ont placé et placeront toujours M. Thiers au premier rang dans les assemblées délibérantes.

Sous la Restauration, M. Thiers s'était fait connaître par le rôle important qu'il jouait dans la presse périodique et par son *Histoire de la Révolution,* ouvrage qui a eu un succès presque sans exemple, dû malheureusement moins encore à l'admirable talent littéraire qu'il atteste qu'aux passions auxquelles il s'adresse. Il m'est pénible d'avoir à exprimer une opinion aussi sévère ; mais je n'hésite pas à dire que je ne sache pas d'écrit qui ait fait plus de mal à la génération qui s'é-

lève, qui ait plus profondément perverti toutes
les idées que celui de M. Thiers. Dans son histoire, d'un bout à l'autre, les principes de la justice et de la morale éternelles sont sacrifiés au
triomphe des intérêts d'un jour ; c'est un long et
éloquent plaidoyer en faveur de la détestable
maxime des jésuites, *que la fin justifie les moyens.*
On ne soupçonne pas tout le tort qu'a fait à
M. Thiers ministre cet ouvrage de M. Thiers écri-
vain de l'opposition ; d'autant que l'on en faisait
concorder les tendances générales avec des in-
discrétions échappées à M. Thiers dans la con-
versation alors qu'il ne songeait guère à être un
jour au pouvoir, et que, dans les capricieuses
fantaisies, dans les brillantes débauches d'un esprit éminemment paradoxal, il soutenait les thèses
les plus étranges, et professait pour ce que les
hommes respectent le plus un septicisme cynique
qui, j'en suis sûr, était loin de son cœur et de sa
pensée.

Le jour où M. Laffitte fut nommé ministre des
finances, il appela auprès de lui, comme sous-se-
crétaire d'Etat, M. Thiers, qui passait pour avoir
mis plus d'une fois à son service, sous la Restauration, son facile talent de rédaction. C'est
ainsi qu'il commença à entrer au pouvoir, et ses

débuts furent loin d'annoncer ce qu'il s'est mon-
tré dans la suite. Lors de la chute de M. Laffitte,
M. Thiers avait trop de rectitude dans le jugement, trop de portée dans l'esprit et trop d'avenir
dans le talent pour associer sa fortune politique
à celle de son ancien patron. Il changea de camp,
et passa dans celui de Casimir Périer. L'opposition
jeta les hauts cris : elle ne comprit pas que toute
autre conduite de la part de M. Thiers eût été ab-
surde. Il lui avait autrefois donné tant de gages, elle
comptait si fermement sur lui, qu'elle se montra
implacable pour ce qu'elle appelait une lâche dé-
sertion, une scandaleuse apostasie. La presse
haute et basse s'acharna après lui ; sa personne,
son caractère, sa vie privée, rien de ce qui le touchait, de ce qui lui appartenait, ne fut respecté ;
tout fut en butte aux déclamations les plus furi-
bondes, aux plus sales outrages, aux plus atroces,
aux plus abominables calomnies ; et telle fut la
puissance des préventions créées par ce concert
si bien organisé de haine et de diffamation, que,
malgré toute leur injustice, à peine nommé au
ministère de l'intérieur, M. Thiers fut obligé d'é-
changer ce poste avec M. d'Argout contre celui
des travaux publics, parce que, sans cela, la loi
des fonds secrets, qui était dans les attributions

du premier de ces ministères, n'aurait peut-être pas passé à la Chambre.

Ministre de l'instruction publique, M. Guizot n'avait, pour ainsi dire, rien de commun avec M. Thiers, si ce n'est peut-être une ambition aussi ardente, mais déguisée sous des formes d'autant plus trompeuses, qu'elle affectait une sorte de rigorisme puritain. C'est une chose fort singulière : de tous les hommes politiques haut placés, il n'en est peut-être pas un qui ait eu dans sa carrière plus de versalité que M. Guizot, et pas un n'a su se faire une plus imposante réputation de consistance et de gravité sénatoriale. Faut-il donc voir là les résultats d'un merveilleux charlatanisme ? Faut-il appliquer à M. Guizot l'épithète d'*austère intrigant* que l'on prétend lui avoir été donnée ? Non; je ne serai ni si injuste, ni si cruel; je ne me montrerai pas si ingrat pour tant de services rendus à une cause qui est la mienne; je ne suis pas de ces gens qui, dans un moment d'humeur, brisent et souillent l'idole qu'ils ont longtemps encensée.

La raison de la contradiction que je signale est tout entière dans la tournure d'esprit de M. Guizot, dans les habitudes de sa pensée, dans la direction qu'il a imprimée à ses études historiques et à ses vues, politiques. Voué de bonne heure à l'enseignement philosophique de l'histoire, il s'est accoûtumé à systématiser ses idées, à les revêtir d'une forme dogmatique, sententieuse, parfois tranchante, mais toujours grave et morale; à faire le plus possible abstraction des faits pour s'élever aux généralités les plus larges, aux conceptions les plus pures de la théorie. Ces habitudes de l'école, il les a transportées dans la politique, et presque toujours pour lui la tribune aux harangues n'a pas cessé d'être la chaire du professeur. Qu'on suive en effet M. Guizot dans sa carrière parlementaire, et l'on se convaincra qu'il n'est pas une discussion qu'il ne soit parvenu à ramener, de gré ou de force, à l'exposition de ses théories sur l'organisation même des sociétés. Ce système a été pour lui un grand élément de succès; car, fatigués par les luttes mesquines de passions sans grandeur et sans noblesse, les esprits suivaient avec plaisir M. Guizot dans ces hautes régions, où ils n'avaient plus sous les yeux un triste et dégoûtant spectacle. Séduit par la magie de sa parole, on ne s'apercevait pas que le plus souvent cette magnifique éloquence ne couvrait que des lieux communs, insuffisants pour la conduite des affaires et pour le gouvernement d'un grand Etat, et les discours de M. Guizot étaient acceptés comme les oracles de la sagesse.

S'il se fût borné à la politique spéculative, son rôle fût demeuré aussi simple que noble; mais, engagé dans le tourbillon des affaires, il faut bien descendre de ces sublimités, se mettre en contact avec les hommes et les choses, subir la loi de notre pauvre humanité, et en partager les passions et les faiblesses. Ceux qui avaient voulu voir tout l'homme dans ses discours n'ont pas compris la disparate entre les actes et les paroles, entre les théories austères de l'homme de science et les tripotages ministériels de l'homme de parti : ils se sont crus pris pour dupes, et, comme ils avaient été trop loin dans leur enthousiasme, ils ont été aussi trop loin dans leur sévérité. Il n'y a ni tant de mal ni tant de bien à dire de M. Guizot. Dans les temps orageux que nous avons traversés, alors que les principes mêmes sur lesquels repose tout gouvernement quelconque étaient mis en question, il a été admirablement l'homme de la circonstance. Son talent a grandi de toute l'opportunité des luttes qu'il soutenait; mais là devait se borner son rôle. Les habitudes professorales de M. Guizot, son intolérance dogmatique, son irascible susceptibilité, le rendent à jamais impropre à être le ministre d'un temps calme et d'une situation régulière.

Si M. Thiers était, dans le conseil, l'expression la plus large de la majorité, M. Guizot y représentait surtout les doctrinaires, dont il était le chef et le plus brillant organe. A proprement parler, les doctrinaires n'étaient pas un parti, mais seulement une portion de la majorité. Dans toutes les opinions, il y a des hommes plus avancés, plus ardents, qui, tantôt logiciens inflexibles, tantôt sectaires passionnés, se font chefs de file, échauffent la tiédeur des uns, décident l'irrésolution des autres, entraînent tout le monde à leur suite, et, toujours les premiers dans l'attaque comme dans la défense, sont toujours sur la brèche, soit pour la conquête, soit pour la conservation d'un principe. Tel fut le rôle des doctrinaires, et ce rôle fut beau, utile et même nécessaire, aussi longtemps que la lutte fut un combat acharné entre l'ordre et l'anarchie, entre la foi des traités et la propagande. Mais quand les choses eurent changé de face ; quand, soit raison, soit guerre lasse, l'opposition fut rentrée dans les conditions d'un gouvernement, alors l'ardeur fébrile des doctrinaires devint un véritable non-sens de la part d'amis du pouvoir. En les voyant garder leurs allures belliqueuses, alors que les partis avaient posé les armes, marcher le casque en tête et la dague au poing, jetant partout le défi et la menace, on ne les comprit plus : la majorité, *honnête mais timide,* qui n'aime pas plus la violence dans la forme que dans le fond, se sépara d'eux, et ils demeurèrent isolés, ridicules pour quelques-uns, odieux pour quelques autres, insupportables pour tous. D'autant que si on n'aimait pas les doctrinaires comme parti, ils déplaisaient encore plus comme individus, à quelques exceptions près. L'importance gourmée de leurs petits grands hommes, leur dédaigneuse suffisance, leur morgue provocante avaient blessé bien des amours-propres, aliéné bien des bons-vouloirs, en même temps que leur ambition avait excité bien des jalousies, éveillé bien des défiances. Car ils s'entendent merveilleusement à confisquer le pouvoir à leur profit : ils en obstruaient toutes les avenues, et dans tout ministère possédé par un de leurs chefs, on était sûr de trouver quelqu'un d'entre eux avec toute l'arrogance, toutes les prétentions et toute l'intolérance du parti. C'est ainsi que tour à tour amis dévoués et courageux, auxiliaires turbulents et incommodes, maîtres exigeants et tyranniques, les doctrinaires ont contribué au triomphe ou à la chute des ministères qu'ils ont soutenus, et, plus que personne, M. Guizot est tombé sous le poids de l'impopularité de leur cortége.

Réunis dans le cabinet du 11 octobre, où les forces se balançaient d'une manière à peu près égale, M. Thiers et M. Guizot résumaient en eux les deux grandes nuances de l'opinion gouvernementale, et tant que ces hommes d'Etat marchèrent franchement ensemble, ils disposèrent d'une puissance irrésistible et opérèrent des prodiges. Quand, après la session, on put se croire à peu près certain de la victoire, ce fut alors qu'il fut aisé de remarquer quelques symptômes de division entre les deux ambitions rivales. Le parti doctrinaire, qui sentait bien que la présence du maréchal dans le conseil donnait la prépondérance à M. Thiers, avec lequel il avait plus de rapports de vues et d'opinions qu'avec M. Guizot, songea à se défaire de l'illustre guerrier dont on pensait n'avoir plus besoin depuis que la victoire de juin avait réprimé l'émeute au dedans, et qu'au dehors l'expédition d'Anvers, achevée en présence de l'Europe en armes, avait prouvé que la guerre n'était plus à craindre. La presse doctrinaire engagea donc l'attaque par une suite d'articles dont la tendance était facile à saisir ; elle établit la distinction entre la répression matérielle et la répression morale. L'œuvre de la première étant terminée, la seconde devait commencer, et la force brutale devait céder la place aux hautes intelligences.

Le maréchal vit venir l'ennemi et le gagna de vitesse. Le traité américain traînait depuis dix-huit mois dans les cartons du ministère ou de la Chambre : on en pressa la discussion. Quand on songe que ce traité avait été signé par un ancien ministre antipathique au duc de Dalmatie ; que les scrupules, que les susceptibilités constitutionnelles du duc de Broglie étaient parfaitement connus ; que le traité fut mollement défendu ; qu'on n'en fit pas une question de cabinet, malgré tous les embarras que pouvait entraîner son rejet ; que surtout on remarque que tous les hommes qui étaient dans la dépendance plus ou moins directe, dans la confidence plus ou moins intime du président du conseil, votèrent contre, il est impossible de ne pas reconnaître là une savante et audacieuse manœuvre, qui n'était peut-être pas très-morale, mais qui mit en déroute le camp ennemi et ajourna les prétentions à la présidence du conseil.

Par la démission du duc de Broglie, M. Guizot

se serait trouvé à peu près seul dans le conseil,
et M. Thiers y aurait pris une position trop prépon-
dérante, fortifié qu'il était des sympathies de
presque tous les autres ministres. M. Guizot demanda donc l'adjonction de deux collègues qui
fussent l'équivalent, et, si je puis m'exprimer
ainsi, la monnaie de M. de Broglie. M. Duchâtel
remplaça M. d'Argout aux travaux publics, et
M. Persil M. Barthe à la justice. Dans cet arran-
gement de famille, des positions furent créées
pour les ministres démissionnaires : le gouvernement de la Banque indemnisa le comte d'Argout ;
la première présidence de la Cour des comptes
fut donnée à M. Barthe. Dès le lendemain de la
révolution de juillet, M. Barthe s'était placé sur
la brèche pour y défendre l'ordre et les lois mé-
connus, et il y avait combattu avec un courage
d'autant plus méritoire, qu'il avait affaire à d'anciens amis. Tombé du pouvoir pour satisfaire les
exigences de l'ambition doctrinaire, on ne l'a pas
vu depuis faire une opposition sans danger dans
un poste inamovible ; ce même poste, il l'a quitté
au premier appel fait à son patriotisme. Ce sont
là des souvenirs qui honorent la vie d'un homme,
et qui valent mieux que les éloges intéressés des
partis, que les bruyantes apothéoses décernées

par ceux-là même qui, dans d'autres temps, vous auraient traîné aux gémonies.

La dissolution eut lieu peu de temps après, et les élections générales se firent le 18 juin, avec convocation des Chambres pour la fin de juillet. Bien que le résultat des élections fût conforme aux vœux et aux espérances du gouvernement, cependant il était évident que le chiffre probable de l'opposition était assez sensiblement augmenté. Le maréchal Soult, dans le ministère, était un embarras pour se présenter devant la nouvelle Chambre, où le mot *économie* allait être un cri de ralliement. M. le maréchal ne tient pas assez de compte du grand axiôme de notre époque calculatrice, *qu'il faut faire bien, à bon marché.* Son administration était des plus dispendieuses; ce tort était aggravé par l'habitude de ne se jamais renfermer dans les crédits votés, et d'arriver toujours avec une demande de crédits supplémentaires. On citait, à ce sujet, un jeu de mots d'un personnage en possession d'égayer la Chambre par les saillies de son esprit facétieux; jeu de mots dont la rare insolence a été loin d'être égalée depuis par la fameuse allusion à Calpurnius. Enfin, le ministre des finances déclarait que le maréchal rendait sa position si difficile, qu'il fallait opter entre la démission de l'un des deux.

Ainsi, pour divers motifs, tout le monde à peu près s'accordait à vouloir l'éloignement du président du conseil; mais il fallait attacher le grelot, et la tâche n'était pas agréable. On eut recours à un véritable expédient de comédie : on tendit un piége au maréchal, et il y donna tête baissée.

La mort du duc de Rovigo laissait vacant le gouvernement d'Alger. On s'appuya sur les mauvais résultats du système belliqueux suivi jusqu'alors dans la colonie, pour demander la substitution d'un gouverneur civil à un gouverneur militaire. On s'était attendu, avec raison, que le maréchal s'y refuserait; qu'il ne consentirait pas à cette espèce d'humiliation pour l'armée dont il était le chef et le représentant. On s'opiniâtra; on fit une question de cabinet; on offrit de part et d'autre des démissions. A la veille de l'ouverture des Chambres, la lutte était trop inégale entre le maréchal Soult et ses adversaires : il succomba, et, par une faiblesse peu digne d'une si glorieuse vie, ne tarda pas à aller s'enrôler, pour reconquérir le pouvoir, sous les drapeaux de cette opposition par laquelle il avait été si cruellement maltraité pendant sa longue carrière ministérielle.

M. de Broglie n'étant pas possible tant que l'é-
chec du traité américain n'aurait pas été réparé;
il fallait, pour le parti doctrinaire, remplacer le
maréchal Soult par un président du conseil tran-
sitoire, par un homme qui ne fût pas en état de
se faire, dans le ministère, une position dont il
serait ensuite difficile de le débusquer. Le nom du
maréchal Gérard s'offrit tout naturellement. Il
n'était ni orateur, ni homme d'Etat, et il jouissait
du rare avantage de posséder à la fois l'amitié du
Roi et une assez grande popularité. Comme le maréchal avait fait, aux premiers jours de la révolution, une assez triste expérience des douceurs de
la vie ministérielle, il était peu disposé à la renou-
veler. M. Thiers se chargea de le déterminer : il
lui représenta que ce n'était pas un vulgaire ministère qui lui était offert, et que l'amnistie don-
nerait à sa présidence du conseil une place toute
particulière dans l'histoire.

Le maréchal accepta donc, à la condition qu'il
y aurait un gouverneur militaire à Alger, et qu'on
ferait quelque chose pour M. Decaze, M. Molé,
et, dit-on, M. Pasquier, ses alliés politiques du
tiers-parti dans la Chambre des pairs. Le premier
point, le gouvernement d'Alger, qui avait soulevé
une si grande tempête, ne fit pas même de diffi-

culté, et huit jours après le comte d'Erlon était nommé. Malgré sa prudence si consommée, M. de Sémonville s'était fourvoyé dans je ne sais quelle indiscrète correspondance. On lui fit sentir qu'il valait mieux transiger que de s'exposer à tout perdre dans une lutte inégale ; et, sur sa démission, le duc Decaze le remplaça comme grand référendaire. Quant à M. Molé, il fut nommé vice-président de la Chambre des pairs. M. Molé avait trop d'habileté et de finesse pour se compromettre avec l'administration doctrinaire par l'acceptation d'une faveur, d'ailleurs parfaitement illusoire. Il refusa ce que, dit-il, il n'avait pas demandé, et son refus fut une déclaration de guerre.

Cependant les Chambres s'assemblèrent, et, dans celle des députés, le tiers-parti entra dans la commission d'adresse. C'est alors que, par le ministère de l'honorable M. Etienne, il réussit à faire la plus rare mystification, le plus adroit tour de passe-passe qu'on puisse imaginer, en rédigeant l'adresse en termes tels, qu'elle n'eût aucune signification précise, et que chacun pût l'interpréter à son gré, comme censure ou comme approbation du ministère : véritable escobarderie, qui, si elle faisait honneur à son auteur et rappelait quelques-uns de ses succès sur une autre

scène, convenait mal à la gravité du gouvernement représentatif. Le ministère, qui n'était pas
dans le secret, accepta l'adresse : l'opposition
aussi, à plus forte raison, et elle ne tarda pas à
en tirer parti.

En effet, à peine les Chambres avaient-elles été
prorogées au 2 décembre, que la presse signala
l'adresse comme un manifeste contre le ministère, comme condamnation de ses actes et de ses
doctrines. Le maréchal Gérard, qui réclamait vainement l'amnistie, promise avant son entrée au
conseil, et ajournée depuis sans terme fixe,
comme inopportune, le maréchal prévit l'orage,
et sortit du ministère à la fin de septembre. Peut-
être aurait-il dû à une auguste amitié de ne pas
donner tant d'éclat à sa démission, non plus
qu'aux motifs qui l'avaient déterminée, et surtout
ne pas rechercher les vains honneurs d'une popularité qu'il ne pouvait obtenir pour lui qu'en faisant
tout ce qu'il fallait pour la faire perdre autre part.

Intrinsèquement, la valeur politique du maréchal Gérard était nulle, et cependant sa retraite
fut un événement, car elle mit à nu toutes les
plaies du cabinet. Profondément désunis, les deux
ministres dirigeants ne pouvaient plus désormais
marcher ensemble.

M. Thiers s'était résigné à la présidence du maréchal Gérard ; il l'avait même facilitée, parce que c'était un pas vers le but que son ambition poursuivait avec tant de persévérance : le renversement, à son profit, du parti doctrinaire. Mais il fut impossible de s'entendre sur le choix du successeur à lui donner, et le ministère en masse, à l'exception de M. Persil, donna sa démission. Toutes les tentatives de conciliation ayant été infructueuses, le Roi eut à composer une nouvelle administration.

Dans l'incertitude où l'on était sur les véritables dispositions de la Chambre, en présence de l'irritation des uns, de l'indécision des autres, on ne pouvait songer à former séparément, soit avec M. Thiers, soit avec M. Guizot, un ministère qui eût des chances suffisantes d'obtenir la majorité. Il fallut recourir à l'expédient d'un ministère de coalition, pris spécialement dans le tiers-parti : on suivit, pour indication, les élections intérieures de la Chambre, dont les vice-présidents entrèrent en masse dans le cabinet. L'ambition du pouvoir était, dans le tiers-parti, si ardente et si âpre ; le désir de tenir les porte-feuilles si vif et si pressé, qu'on les prit sans s'être concerté sur rien, sans plan arrêté, sans marche convenue ; sans avoir

posé ni résolu aucune de ces questions sur lesquelles il est indispensable, à des hommes politiques, de s'entendre avant de s'engager ensemble.
Que résulta-t-il de là ? Qu'au premier conseil chacun arriva avec des vues si opposées, aves des
idées si discordantes, que ce conseil fut à la fois
le premier et le dernier. Le ministère *des trois jours*
fut dissous avant même de s'être mis à l'œuvre;
et cet enfant mort-né du tiers-parti fut bien et
dûment enterré, sans laisser d'autre trace de son
éphémère existence qu'un immense et ineffaçable
ridicule.

La Couronne se trouva alors dans une position
étrange et presque inconstitutionnelle, sans ministère pour la couvrir, sans agents responsables
pour lui prêter leur indispensable concours. Cette
situation ne pouvait se prolonger sans devenir
dangereuse, et peut-être même funeste. La majorité s'en alarma et s'assembla chez le général
Jacqueminot, qu'elle chargea de faire en son nom
un appel au patriotisme de M. Thiers et de
M. Guizot. Cette intervention ne pouvait manquer
d'être écoutée, et peut-être même les anciens ministres furent-ils heureux qu'on leur ouvrît une
voie honorable pour sortir du défilé sans issue où
les avait acculés leur ambition inquiète et jalouse.

On obtint du dévouement du maréchal de Trévise d'accepter la présidence du conseil, et le ministère se reconstitua sous lui tel qu'il avait été sous le maréchal Gérard.

Mais la France attendait qu'on lui expliquât les étranges choses dont elle venait d'être témoin : le cabinet et la Chambre avaient réciproquement des comptes à se demander et à se rendre, tant sur les causes de la crise ministérielle que sur l'adresse équivoque dont le jésuitisme avait amené tant de perturbation. Des interpellations furent donc adressées; un débat solennel eut lieu, et, comme en 1831, se termina par un ordre du jour motivé en faveur du ministère. Mais combien les choses avaient changé, et quelle différence entre la franchise des allures et la netteté des positions du premier débat, et l'obscurité calculée du second, où l'on employa un immense talent à embrouiller la question, à déguiser ce qu'elle avait de petit, de pauvre et de misérable, et à élever jusqu'à la hauteur d'une discussion de principes la lutte mesquine entre des ambitions individuelles!

Le traité américain était devenu sérieusement une question de cabinet; attaqué avec une vivacité sans pareille, il fut défendu admirablement, et après une discussion approfondie, qui mérite

d'être étudiée comme un modèle, il reçut la sanction législative. Rien ne s'opposait donc plus à ce
que le duc de Broglie rentrât dans le conseil et
vînt en prendre la présidence, rien que la présence du duc de Trévise; on ne fut pas embar-
rassé pour s'en défaire, et le parti était si pressé
de voir réaliser enfin ce plan poursuivi depuis
deux ans avec tant d'ardeur et de persévérance,
que l'on ne voulut pas même attendre la fin de la
session. Un soir, un journal reçut une communi-
cation officieuse dont il ne pouvait pas même su-
specter la sincérité, et, en le lisant le lendemain
matin, le duc de Trévise apprit *par lui* qu'il avait
donné sa démission et qu'elle avait été acceptée;
nouvelle qui était accompagnée de quelques éloges équivoques dont la doucereuse perfidie était
un outrage de plus ajouté à cet étrange procédé.
Il fallait ou avoir raison de cette incartade, ou se
retirer : le maréchal prit sagement ce dernier
parti, et se hâta de renoncer à un poste qu'il n'a-
vait accepté que par dévouement, et dans lequel
ses vertus, son noble caractère et ses vieux et glo-
rieux services, ne le protégèrent pas contre de
basses injures qui dégoûteraient, si cela était possible, de la liberté de la presse.

La présidence de M. de Broglie changeait toutes

les conditions d'équilibre dans le conseil, et désormais M. Thiers n'y avait plus qu'une influence secondaire. Cette situation eût nécessairement amené bientôt une nouvelle crise, si la gravité des circonstances, les audacieux scandales du procès d'avril, et surtout l'attentat de Fieschi, n'eussent donné au ministère des préoccupations suffisantes pour tenir les ambitions en repos. Les lois de septembre furent la dernière grande mesure de ce cabinet, qui, malgré les modifications qu'il avait subies, était encore le reflet de celui du 11 octobre et de la politique de Périer. Nées d'une circonstance funeste, les lois de septembre ont été un grand service rendu au pays, puisqu'elles ont mis un terme aux provocations anarchiques d'une démagogie en délire, et qu'en armant le gouvernement d'un immense pouvoir, elles lui ont enfin permis de se montrer clément sans faiblesse et généreux sans imprudence.

Jamais administration ne se présenta plus forte devant les Chambres que celle de M. de Broglie, au commencement de la session suivante; elle touchait cependant à sa chute, et une circonstance impossible à prévoir en amena tout d'un coup la dissolution. En présentant le budget, M. Humann, par une sorte d'insurrection ministérielle, saisit la Chambre de la question de la conversion des rentes, sans le consentement, sans la participation de ses collègues. Vainement le ministre des finances fut remplacé ; M. Gouin ramena l'affaire devant la Chambre par une proposition formelle, et le duc de Broglie, fidèle à son habitude de mettre, comme on dit, le marché à la main, eut le tort de faire une question de cabinet, non pas même de l'adoption de cette proposition, mais de sa simple prise en considération. Soit que la Chambre cédât à une réaction de l'intérêt provincial, soit qu'elle obéît au sentiment de son indépendance froissée par cette exigence despotique du président du conseil, soit qu'elle fût fatiguée d'une administration qui tendait outre mesure le ressort du gouvernement, la prise en considération fut votée, et le duc de Broglie se retira avec ses collègues.

La crise ministérielle eut ses phases ordinaires, ses incertitudes obligées. Dans les règles usuelles du gouvernement représentatif, c'eût été à M. Humann à former le cabinet, à M. Gouin à y entrer avec ses amis. Il n'en fut pas ainsi, et ce fut M. Thiers qui eut la présidence d'un conseil composé exclusivement avec le tiers-parti, et qui devint ainsi le chef d'une administration chargée de faire réussir une mesure que, quelques jours auparavant, il avait lui-même énergiquement combattue. En voyant ce résultat, en le comparant avec quelques-unes des précédentes révolutions ministérielles, quelques personnes soupçonneuses se sont figuré que toute cette question de la conversion pourrait bien n'avoir été alors qu'une comédie, et M. Humann, que l'agent aveugle d'une ambition plus rusée que la sienne; mais ce sont là des suppositions qui sont loin d'avoir un degré de vraisemblance assez prononcé pour être admises, même avec défiance.

Enfin, M. Thiers était président du conseil et ministre des affaires étrangères, les deux objets de son ambition. Plus d'une fois des personnes qui s'intéressaient à lui, à son avenir et à sa gloire, l'avaient détourné de prendre ce ministère. Elles lui avaient représenté qu'autre chose est de combattre à la tribune avec une énergie passionnée ou une verve pétulante, autre chose de conduire froidement une affaire dans le silence du cabinet; que jamais il ne saurait plier les boutades de sa volonté parfois capricieuse, les saillies de sa vivacité méridionale, aux allures circonspectes et réservées de la diplomatie; que son spirituel babil, que sa soif im-

modérée d'être écouté s'arrangeraient mal de la
discrétion, condition première et indispensable
dans un ministre des affaires étrangères ; et enfin,
ce qui était bien autrement grave, qu'à tort sans
doute il n'inspirerait pas de confiance à l'Europe ; qu'on le croyait un homme à expédients,
et que jamais sa parole n'aurait le poids que doit
avoir celle d'un ministre qui parle au nom de la
France. Ce que l'on a vu dans le temps, lors de
l'affaire de Suisse ; ce qu'a révélé tout-à-l'heure la
dernière discussion, prouvent combien était juste
et fondée cette appréciation de M. Thiers comme
ministre des affaires étrangères.

Il ne le fut pas longtemps : la question de l'intervention en Espagne fut proposée par lui dans
le conseil. La calomnie s'attache si bien à tous
les actes de M. Thiers, que celui-ci fut attri-
bué, dans le public, non pas à une combinai-
son politique, mais seulement à une vaste opération de bourse concertée avec M. de Mendiza-
bal. C'est certainement une insigne fausseté :
seulement il est bien malheureux pour M. Thiers
que, grâce aux anciennes diffamations de ses
amis d'aujourd'hui, les insinuations les plus mal-
veillantes sur son compte trouvent si facilement
cours et créance. On assure que dans le conseil

deux ministres seulement combattirent et repous-
sèrent l'opinion du président. L'avis de la minorité prévalut, et M. Thiers se retira. Rien n'était
plus régulier ni plus constitutionnel que le parti
que prit la Couronne, que le libre usage qu'elle
fit de sa prérogative. Cependant les amis et les
alentours du ministre déchu jetèrent les hauts
cris : on s'exprima même avec un manque de
mesure, avec un emportement étranges, et on
annonça que bientôt on rentrerait en vainqueur
dans le poste qu'on venait d'abandonner.

Il s'agissait de former un cabinet : il était naturel de se tourner vers M. Guizot et ses amis ;
cependant un ministère doctrinaire pur n'était
pas possible. D'un autre côté, les chefs du tiers-
parti dans la Chambre des députés venaient de
succomber avec M. Thiers ; mais il y avait dans
la Chambre des pairs des hommes qui avaient
d'étroites liaisons avec ce parti, et, en réunissant
ces deux influences du parti doctrinaire et du
tiers-parti, on pouvait espérer que la nouvelle
administration résisterait au choc qu'il était aisé
de prévoir. Tel fut le principe de la formation
du ministère de M. Molé, au 6 septembre 1836.
Après le prince de Talleyrand, M. Molé était peut-
être la plus haute notabilité politique de France,

et il avait eu le rare bonheur d'attacher son nom
à ce principe de non-intervention qui a fait la
force et la gloire de la révolution de juillet. Malheureusement, par la force même des choses et par
la situation particulière de la Chambre des pairs,
depuis qu'il était sorti du pouvoir, en octobre 1830,
il s'était vu condamné à chercher à y revenir,
non par les succès d'une habile et vigoureuse opposition, mais par les manœuvres patientes et
cauteleuses du tiers-parti. Le caractère s'use dans
ces petites combinaisons, où il faut toujours s'ef-
facer, toujours s'arranger de manière à ne présenter que le point de contact quelquefois unique
qu'on a avec chacun de ses alliés en particulier.
De là vient sans doute cette incroyable langueur
du pouvoir au début du ministère de M. Molé,
cette indécision qui lui a fait tant de mal, cette
mollesse et ce besoin de plaire à tout le monde,
par suite duquel on avait presque fini par ne
plaire à personne. En s'associant avec M. Molé,
M. Guizot avait demandé l'intérieur, se réservant
par là l'éventualité probablement assez prochaine
de diriger les élections, et de les faire, autant que
possible, tourner au profit de son parti. Mais
le président du conseil comprit que ce serait
se donner tôt ou tard un maître : il tint bon,

et M. Guizot dut se contenter de l'instruction publique.

M. Thiers s'était flatté de faire partager à la Chambre ses vues sur la question espagnole : une énorme majorité se prononça contre lui, et le ministère semblait en voie de s'affermir et de se consolider, quand une circonstance fâcheuse lui fit éprouver un rude échec. A la suite de l'échauffourée de Strasbourg et du verdict du jury qui l'avait couronnée, on était venu apporter aux Chambres tout un système de lois répressives et comminatoires qui furent assez mal accueillies par l'opinion publique, comme engageant le gouvernement dans une voie dont il était difficile de prévoir l'issue. La loi de disjonction fut rejetée à la majorité d'une voix, et la portion doctrinaire du cabinet, dont elle était spécialement l'ouvrage, donna sa démission.

La position n'était pas facile; le vote de la Chambre sur l'intervention excluait M. Thiers et ses amis; celui sur la disjonction, M. Guizot et les siens. C'était en dehors d'eux qu'il fallait former ou compléter le cabinet. Secondé par M. de Montalivet, M. Molé se sentit la force de rester aux affaires; il choisit dans la Chambre des députés les hommes qui lui étaient indiqués par les suffrages de la Chambre, soit comme vice-présidents, soit comme rapporteurs de lois importantes. Pour imprimer à son ministère un caractère qui le distinguât de tout ce qui l'avait précédé, et qui ouvrît pour lui, comme pour la France, une ère nouvelle, il profita du mariage du duc d'Orléans pour faire l'amnistie; puis, il demanda la sanction du pays en dissolvant la Chambre et en en convoquant une nouvelle. Telle est l'origine prétendue imparlementaire de ce cabinet, qui n'a été déclarée telle que parce qu'une suite de circonstances, toutes en dehors de la volonté du ministère, a amené cet étrange résultat qu'il a été impossible qu'il comptât dans son sein aucun des puissants orateurs de la Chambre des députés, et que ses membres les plus influents appartiennent tous les deux à la Chambre des pairs.

Personne, dans le principe, ne prit au sérieux le ministère Molé, personne ne crut à sa durée. Aussi, dans la conviction qu'il n'avait de chances de vie que dans l'adjonction de quelque illustration parlementaire, chaque parti lui fit des avances, lui offrit son orgueilleuse protection et son concours intéressé. Mais quand on vit que ce *petit ministère,* au-dessus de la tête duquel M. Thiers et M. Guizot se livraient bataille, existait par lui-même, qu'il avait la majorité dans la Chambre, qu'au dedans comme au dehors il se consolidait chaque jour davantage, alors on changea de tactique, et la dédaigneuse neutralité des premiers jours se transforma en une ardente et active hostilité. Ne pouvant entamer le ministère sur les points capitaux, sur les questions de cabinet, où il eut constamment la victoire, on lui fit une guerre de détail d'autant plus désastreuse pour lui, que, dans ses tâtonnements à la recherche de la majorité, M. Molé montra une trop grande disposition à sacrifier ses opinions, une trop grande déférence pour tels et tels intérêts, et qu'il perdit ainsi en considération et en véritable force bien au delà de ce qu'il se flattait de gagner par ce timide système de conciliation maladroite et de concessions inopportunes. Il oubliait qu'il y a un milieu entre la faiblesse du roi soliveau et la roideur despotique et blessante de M. de Broglie.

Entre les deux sessions, l'opposition examina les avantages de sa situation, si elle parvenait à fondre en un seul gros bataillon tous ces soldats épars qui avaient combattu en partisans. Plus ambitieux, plus habiles que tous les autres, les doctrinaires se chargèrent d'organiser et de discipliner cette armée composée d'éléments si hété-

rogènes. La coalition se forma sous leurs auspices.
M. Duvergier de Hauranne en rédigea le manifeste
au profit de la prérogative parlementaire, terme
vague et indéfini, qui ne se trouve nulle part
dans la lettre de la Constitution; qui n'est qu'une
interprétation arbitraire et forcée de son esprit ;
mot qui, par cela même qu'il est en dehors de la
Charte, était merveilleusement propre à servir de
cri de ralliement à une telle coalition, et qui est
devenu pour l'opposition sa suprême loi de salut
public, son article 14 tout gros, au besoin, de coups
d'État parlementaires.

Tel fut l'esprit qui présida à la rédaction de
l'adresse, et qui, dans sa discussion, anima les
orateurs de l'opposition. Le ministère y prit une
attitude toute nouvelle qui a surpris ses amis, et
peut-être encore plus ses ennemis, qui n'y comp-
taient pas. Il pouvait se retirer devant une commission hostile ; il pouvait fuir le débat : il le pro-
voqua hardiment, et le soutint avec un éclat de
talent et une énergie qui lui ont porté bonheur.
Encouragée par sa fermeté, la majorité a serré ses
rangs ; elle a réuni ses éléments prêts à se dis-
perser, et l'adresse est tombée pièce à pièce devant ce ministère déclaré si faible et si incapable,
devant cette majorité traitée avec une légèreté si

présomptueuse et une suffisance si insultante. *Les chefs des grands partis,* au contraire, ces hommes si fiers de leur supériorité, ont eu à se résigner à bien des humiliations : il leur a fallu passer sous les fourches caudines de l'opposition, soit que M. Guizot eût à légitimer des passions qu'il avait tant de fois flétries, soit que M. Thiers eût à recevoir de M. Barrot le baptême d'une nouvelle foi politique, soit enfin que, pour dernier et triste châtiment de leur apostasie, ces anciens ministres eussent à se joindre aux éloges adressés au sanglant réquisitoire de M. Berryer contre une politique que pendant tant d'années ils avouaient comme leur ouvrage, ils réclamaient comme leur plus beau titre de gloire.

Je touche au terme de la tâche que j'ai entreprise. J'ai dû retracer tout ce qui précède, non pour faire de l'histoire, le jour n'en est pas encore venu, mais pour que, dans cet exposé fidèle et consciencieux de ce qui s'est passé depuis 1830, en suivant les faits avec quelque attention, on y démêlât le rapport que les événements ont entre eux, le lien étroit qui les unit, l'enchaînement constant entre les principes et les conséquences. En examinant toutes les crises ministérielles, en voyant leur périodicité presque régulière, en y

retrouvant toujours au fond les mêmes hommes,
les mêmes passions, comment se refuser à l'évi-
dence? comment ne pas reconnaître que les mêmes causes produisent aujourd'hui les mêmes
effets, et que le malaise présent est encore l'ouvrage exclusif de ces hommes, celui de leur insa-
tiable ambition, de l'orgueil intraitable des uns,
de l'humeur inquiète et maladive des autres?

La faiblesse du ministère dans la dernière session avait porté ses fruits; espérons que sa fermeté dans la crise actuelle aura aussi les siens.
Il pouvait gouverner avec une majorité qui se serait grossie de ces hommes qui, après avoir voté
contre un ministère supposé vaincu et à l'agonie,
seraient bientôt revenus à un ministère victorieux.
Il n'a pas voulu d'une situation fausse, et il a
bien fait. La dissolution de la Chambre est un
acte de vigueur que les bons citoyens ont accueilli
avec satisfaction; car celui qui a confiance en lui-
même en inspire aux autres, et on s'est félicité
de sortir enfin des incertitudes créées par tant
de subtilités, d'audacieux sophismes ou de téné-
breuses manœuvres.

La coalition aura, sans le vouloir, rendu un
immense service au pays en le divisant en deux
camps, celui du gouvernement et celui de l'oppo-

sition. Puissent les électeurs bien comprendre
l'importance de cette vérité! Puisse la Chambre
qui va sortir de l'urne électorale être bien péné-
trée de cet esprit! Désormais, plus de tiers-parti,
plus de situations équivoques, plus de ces nuances
trompeuses qui, par des dégradations insaisissa-
bles, conduisent insensiblement du blanc au noir.
Que tout soit net, que tout soit tranché dans les
positions. Que vous vous appeliez Thiers ou Berryer, Guizot ou Garnier-Pagès, que m'importe?
Ce ne sont pas vos noms que je demande, vos
professions de foi que j'écoute, c'est votre drapeau que je considère. Etes-vous pour ou contre?
Etes-vous, oui ou non, de l'opposition? voilà toute
la question. Nous rentrons ainsi dans la vérité du
gouvernement représentatif; nous en facilitons
la pratique, et, en persévérant, nous ne tarde-
rons pas à en recueillir les avantages.

Tout le monde y gagnera, les fonctionnaires
publics les premiers, qui auront une position
plus digne. Et par ce mot de fonctionnaires, je
n'entends pas les agents subalternes, rouages in-
dispensables de la machine administrative, mais
les hommes que de hauts emplois appellent au
partage du pouvoir politique. Ils sentiront que
c'est la conviction qui fait l'indépendance; que

c'est elle qui rehausse le concours prêté à des supérieurs. Ils comprendront qu'un fonctionnaire qui fait de l'opposition est comme un prêtre qui dirait la messe sans croire à la présence réelle; ils épouseront la fortune de leurs opinions politiques, et, s'il le faut, ils devanceront par des démissions spontanées un renvoi qui, à l'avenir, doit faire partie des mœurs constitutionnelles, comme dès aujourd'hui il est approuvé par le bon sens et par l'équité.

Devenue plus compacte, plus homogène, la majorité sentira mieux la nécessité d'une union qui lui a trop souvent manqué; elle jugera qu'il faut parfois faire abnégation des volontés particulières pour le triomphe de la volonté de tous; que les tiraillements qui résultent de petits actes isolés d'indépendance lui font plus de mal qu'un véritable échec; car l'un peut être réparé, et les autres ne servent qu'à semer l'incertitude, l'irrésolution et la défiance. Une majorité doit avoir formulé son pacte avec le ministère, qu'elle ne soutient que parce qu'il est l'expression de ses opinions; tous les points étant convenus d'avance, chacun sait à quoi et jusqu'où il s'engage; chacun, dès le départ, a pu rester dans la majorité ou s'en séparer. Considéré de la sorte, le vote systématique n'est ni abusif, ni servile; car de même que le gouvernement constitutionnel est, dans toutes ses opérations, celui du plus grand nombre auquel obéit le plus petit, de même aussi, dans les majorités, si par hasard il se rencontre un dissentiment sans importance vitale, le petit nombre doit céder au grand, les convictions individuelles doivent plier devant les convictions générales.

L'opposition elle-même, car je désire une opposition grande, forte et sincère; l'opposition doit aussi se discipliner. Qu'elle reconnaisse des chefs et marche sous leur bannière; que sans tenir compte et des légitimistes et des radicaux, partis qui sont, Dieu merci, en dehors de la politique possible, elle arrête son programme; qu'elle le proclame hautement, pour qu'on sache bien ce qu'elle veut, où elle va, où elle conduirait le pays si elle était chargée de le gouverner. C'est ainsi qu'au lieu d'être un épouvantail, elle entrera vraiment dans le mouvement des affaires; qu'elle sera un parti et non une faction; qu'elle aura un avenir politique, et que le jour où les circonstances l'auront faite majorité, son accession au pouvoir, loin d'être une révolution, ne sera plus qu'un des accidents prévus, qu'une des conséquences naturelles du gouvernement représentatif.

A ces conditions, un ministère peut faire le bien du pays; il peut avoir assez de sécurité du présent, assez de garanties de l'avenir, pour être tout entier aux affaires; pour montrer cet esprit de suite, cette patiente énergie de volonté, cette force persévérante, qui seules sont productives de quelque chose de grand et de durable; et surtout ces idées d'avenir sans lesquelles une grande nation, gouvernée au jour le jour, perd peu à peu sa dignité, son influence, et est menacée de se trouver dans un funeste isolement le jour où un danger extérieur viendrait à se manifester.

Surtout plus de ces misérables questions d'hommes dans lesquelles s'use la vie constitutionnelle et se gaspille le temps qui devrait être consacré aux affaires et aux intérêts du pays. Que l'on sente que s'il y a grandeur et dignité à être d'un parti, il n'y a que misère et petitesse à être d'une coterie. A Athènes, l'ostracisme frappait le chef de parti qui perdait la majorité, et délivrait pour dix ans ses successeurs de l'embarras de sa présence; sous la Convention, la méthode était plus sûre et plus expéditive : c'est l'échafaud qui réglait les comptes de la majorité avec la minorité. Grâce à Dieu, grâce à notre Charte, où la royauté constitutionnelle, représentant inamovible du pouvoir national, est posée comme le constant modérateur de tous les partis, nous n'avons pas plus besoin des coquilles d'Athènes que nous ne craignons la hache sanglante de 1793. L'ostracisme, chez nous, il est dans l'urne électorale : que les électeurs en usent donc avec fermeté, avec discernement ; qu'ils éloignent de la Chambre les ambitions turbulentes ; que la Chambre elle-même leur ferme les avenues du pouvoir, et, délivrée enfin de cette cause incessante d'agitation et de discorde, la France marchera à grands pas dans la carrière de progrès, de gloire et de grandeur qui lui est ouverte.

Si ma faible voix peut se faire entendre au milieu de la lutte des partis, si l'humble tribut de vérités que j'ai apporté dans ce grand débat peut éclairer quelques esprits, si les conseils désintéressés d'un bon citoyen peuvent contribuer à réparer les maux que j'ai signalés et dont j'ai indiqué le remède ; heureux de m'être associé à la défense et au triomphe d'une sainte et noble cause, je trouverai dans le sentiment du peu de bien que j'aurai fait la seule récompense que je désire, et dans le témoignage de ma conscience la seule gloire que j'ambitionne.

Février 1839.